THÈSE

POUR

LA LICENCE.

TOULOUSE,
TYPOGRAPHIE TROYES OUVRIERS RÉUNIS,
RUE SAINT-PANTALEON, 3.

A MA MÈRE,

A MA TANTE,

A MES ONCLES,

A TOUS CEUX QUE J'AIME.

ACTE PUBLIC

POUR

LA LICENCE

En exécution de l'Article 4, Titre 2, de la Loi du 22 Ventôse an XII.

SOUTENU PAR

M. CASTAGNIÉ (Bertrand),

Né à Verniolle (Ariège).

Jus Romanum.

De legis actionibus.

GAIUS, COMM. IV, §§ 11 A 31.

Apud Romanos discernere est varios modos quibus includebatur actio, ad persecutionem hujus quod nobis debetur. Sic secundum varia tem-

1855

pora maximè apparent formæ quædam vario nomine appellatæ : *legis actiones*, formulæ et tandem judicia extraordinaria : sed nobis solum de legis actionibus disserendum est.

Priusquam enumerentur legis actiones et ejus formæ, disputatio esse potest de illarum nomine et ejus origine.

Sæpè admissum fuit sic vocatas fuisse legis actiones, quia lege duodecim tabularum creatæ fuerunt, sed, ut nobis docet Gaïus commentario quarto, ? 11, hoc nomen receperunt, quia legibus quibuscumque et non edicto prætoris comparatæ fuerunt, vel quia ipsorum legum verbis adcommodatæ erant, et ideo immutabiles proindè atque leges observabantur, undè si erraverat qui petit in formulâ, omni jure cadebat.

Quinque erant legis actiones : actio sacramenti, judicis postulatio, condictio, manus injectio, et pignoris capio. Hæc omnes actiones fere eamdem indolem aut vim demonstrant; tamen secernebatur ultima ab aliis, quia verba ad illam expressa non semper apud magistratum promebantur, nec semper præsente adversario.

Maxima quoque inest differentia inter tres primas et duo ultimas, etenim primis utebatur ad obtinendum judicium; ultimæ ad persequendum judicium.

1º *Actio sacramenti*.

Actio sacramenti generalis erat. Quotiescumque enim non lege cautum fuerat ut aliter ageretur, de illis sacramento agendum erat.

Tali nomine vocatur actio quia ab initio litigantes contendere debebant depositâ pecuniâ ad sacra quam perdebat qui litem perdebat. Itaque, cum judicabatur, solum statuendum erat de sacramento quod justum aut injustum æstimabatur. Animadvertendum est varia esse sacramenta secundum litis pretium ; si de rebus mille æris vel pluris agebatur quingentis assibus sacramentum est, si contrà non mille attingit lis, quinquagentis assibus erit. Sed posteà prædes sacramenti dabantur quia sacramenti depositi locum tenebant.

Cùm actione sacramenti contendebatur ad persequendas obligationes, post provocationes litigantium ad deponendum sacramentum, à magistratu petebatur judex, sed ut nobis videtur scribi § 15 Gaï, sub nostro titulo, obtinebatur judex, solum post triginta dies.

Post obtentionem judicis , comperendinum diem denuntiabant litigantes, id est, sese vocabant post tertium diem apud judicem , coràm quo causam colligebant, priusquàm omnes partes causæ ostendant , et perorent. Si contra in rem agebatur , aliæ plures manifestabantur formæ.

Si mobilis res erat, in medio adducebatur, et litigantium quisque festucam tenens illam vindicabat, id est quodammodò, manus conserebant. Post vindicationem prætor dicebat : Mittite ambo rem vindicatam. Illâ missâ, provocatio agebatur de sacramento, et prætor statuebat de possessione rei pendente lite ; sed constitutus possessor prædes litis et vindiciarum tribuebat ad firmandam restitutionem rei possessæ.

Si talis erat res disputata ut non posset sine incommodo adduci vel afferri, deductio erat, id est ambulatio litigantium in rem immobilem ad vindicationem et manuum consertionem in illam fingendas. Sed paulatìm in usu venit partem rei adducere apud prætorem ; id est tecti columnam summam, si de ædibus disputabatur; aut de fundo, partem graminis.

2o *Judicis postulatio.*

In commentario quarto Gaï nil manet de hac forma actionis, sed solum ejus nomen. Tamen cum maxima diligentia reparatum fuit quod deest , et vis hujus actionis definiri potest.

Certum est etenim , in principio generalem fuisse sacramenti actionem ad omnes lites , et alias actiones post illam natas ad se traxisse sensim casus actione sacramenti inclusos. Undè , quoniam actione condictionis persecutio erat pecuniæ aut rei certæ et semper actione sacramenti persecutio fingebatur rerum immobilium , evidenter soli manent ad applicandam judicis postulationem , varii casus rerum incertarum.

Sic in illa Judicis postulatione includenda est petitio de actionibus bonæ fidei , vel stricti juris , si pretium facti in stipulatione deducti maxime præcisum non est. Forsan sed cum majore dubitatione , utilis erat Judicis postulatio ad repetendum pretium rei extinctæ de quâ non erat vindicatio.

Præterea animadvertendum est Romanos vitare voluisse periculum sacramenti cùm novas actiones fingerent ad petitionem jurium aut rerum , et sic justificari creationem judicis postulationis.

3o Condictio.

Olim pristinâ linguâ Romanâ condictio erat palam denuntiatio. Sed postea verbo generali condictionis vocabatur omnis in personam actio , quâ intendimus dare nobis oportere.

Cùm hæc introducta fuit actio ad vitandum sacramentum, extensa fuit ad plures casus ; et dum lege Silia, de illâ utebatur solum ad petendum rem certam, admissa fuit lege Calpurnia ad omnes certas res.

4o Manus injectio.

Sunt plures manus injectiones, sed illa vero quæ vocatur actio legis sic definitur : adprehensio ab actore in adversus reum apud magistratum, solemnibus verbis firmata, et addictum fingens reum erga actorem.

Quæ actio talis erat ; qui agebat sic dicebat : quod tu mihi judicatus sive damnatus es sestertium decem millia quæ dolo malo non solvisti , ob eam rem ego tibi, sestertium decem millium judicati manum injicio ; et simul aliquam partem prehendebat.

Qui deprehensus erat, depellere manum non poterat, sed , si vindicem inveniebat qui sustinere et defendere judicatum promittebat, vitare poterat addictionem in domo creditoris. Tamen , nunquam locus erat manus injectioni judicati nisi post triginta dies ex judicato, aut ex die æris confessi; nam actio erat quoque judicati in hoc casu.

Cùm addictio fuerat debitoris creditori, intra sexaginta dies manebat addictus in domo creditoris, qui suum debitorem ducere debebat in foro, tribus nundinis, et prædicare quantæ pecuniæ judicatus erat, ita ut si erat qui solvere promittebat, libertatem consequebatur debitor. Si autem nullus erat, qui humanitate motus illud officium præstet, maximam patiebatur capitis diminutionem infelix debitor, et Roma depellebatur ad occidendum aut vendendum alienis locis.

Plures aliæ leges constituerunt manus injectionem extra casus condemnationis; et tunc agebatur pro judicato. Illa manu injectione capiebatur qui conventus apud magistratum condictione non revertebatur post triginta dies ut statuetur judex.

Eamdem manu injectionem dabat lex Publilia in eum pro quo sponsor dependisset, si in sex mensibus proximis quam pro eo depensum esset, non solvisset sponsori pecuniam; item lex Furia de sponsu, adversus eum qui sponsore plus quam virilem partem exigisset. Addictio debitoris aliis casibus constituta fuerat, Ex. gr. de furto manifesto. Sed in illo casu præciso, non mansit ille rigor injectionis manus quam depellere nullus poterat.

Tandem, extra manus injectionem judicati, aut pro judicato, alia erat, quæ vocabatur pura, et quam depellere poterat debitor, et propter quam suam sustinebat causam vindice non adhibito. Lege Furia concipiebatur illa manus injectio adversus eum qui legatorum nomine mortis de causa plus mille assibus cepisset, dum generaliter prohibebantur hæc legata. Idem erat lege Marcia adversus feneratores, ad cogendos illos de restitutione usurarum, sed postea, excepto judicato et eo pro quo depensum est, permissum est omnibus captis manum depellere.

5o *Pignoris capio.*

Quamvis, sicut manus injectio concepta fuit pignoris capio ad executionem, ab illa distinguenda erat, quia peragebatur extra jus, id est, non apud prætorem, plerumque etiam absente adversario, et ex consequentia sine vocatione in jure sed semper solemnibus verbis firmabatur more admissis aut lege duodecim tabularum.

Illâ lege qui animal vendiderat ad sacra, pignoris capionem obtinebat adversus emptorem qui pretium non solvebat. Ita res se habebat adversus illum qui mercedem non reddebat pro jumento quod locaverat qui pretium impendere debebat ad sacra.

Si quoque vidua aut impuber dives erat, et nullum subire poterant ex persona sua militiæ onus, emere debebant equum ad bellum aut hordeum ad illum alendum, et si hanc obligationem non implebant, locus erat pignoris capioni. Tandem omnes legis actiones paulatim in odium venerunt, et primo lege Æbutiâ et posteà, legibus Juliis Judiciariis sublatæ sunt. Sed tamen mansit saltem forma actionis legis, cùm agebatur de damno injecto.

Code Napoléon.

De la Prescription.

(Articles **2242** à **2261**.)

La loi distingue deux sortes de prescriptions , la prescription libéra-
trice et la prescription acquisitive. La première, qui demande comme condition fondamentale le laps de temps combiné avec l'inexécution du
créancier ; l'autre, qui demande fondamentalement la possession et le laps
de temps , en ajoutant encore quelquefois à ces exigences les conditions
de la bonne foi ou d'un juste titre.

Mais l'une et l'autre de ces prescriptions peuvent se trouver atteintes
dans leur cours par un événement légal quelconque qui , ou bien scinde
la prescription de telle façon que le temps passé ne compte plus et qu'il
faudra alors la recommencer à nouveaux frais, ou bien la fait seulement
sommeiller pendant quelque temps , de façon à lui permettre de recommencer ensuite en se joignant à la période commencée. Dans le premier
cas, il y a *interruption* de prescription , dans le second , *suspension*. Voilà
le principe et la définition ; examinons maintenant les détails.

CHAPITRE I.

Interruption de la prescription.

(**2242**). La loi reconnaît deux espèces d'interruptions , l'interruption naturelle et l'interruption civile ; mais, quoiqu'on puisse le croire au premier abord, cette distinction ne se rattache pas à celle de la prescription en acquisitive et libératoire ; l'art. 2242 nous indique, en effet, que l'interruption civile se rattache à l'une comme à l'autre.

Interruption naturelle. — Il y a interruption naturelle lorsque le possesseur est privé pendant plus d'un an de la jouissance de la chose, soit par l'ancien propriétaire, soit même par un tiers. Au premier abord, il semblerait que le simple trouble ou la dépossession momentanée aurait dû suffire pour briser la continuité de la possession sur laquelle se fonde l'usucapion ; mais comme la possession de celui qui prescrit, peut bien ne pas se révéler par des actes de tous les jours, la loi a voulu que la contradiction résultant d'une autre possession, fût bien évidente. D'ailleurs, on sait que la possession ne prend un caractère juridique, n'engendre une action, que lorsqu'elle a duré un an. Du reste, la loi ne se demande pas si la nouvelle possession qui vient contredire la première, a été ou non violente.

Le possesseur dépouillé n'a qu'à intenter son action dans l'année, à partir du jour où il a subi la dépossession, pour que l'interruption soit considérée comme non-avenue ; et peu importe qu'il intente une action au possessoire ou au pétitoire.

L'on a quelquefois soutenu que l'abandon de la possession, pendant moins d'une année, pourrait suffire pour constituer l'interruption naturelle ; cette opinion ne nous paraît pas vraie ; autrement, en la poussant à des limites extrêmes, la possession se perdrait, par cela seul, que le possesseur ne manifesterait pas tous les jours, et par des actes réitérés, son *animum domini.*

Interruption civile. — Cette interruption se fait par des actes spéciaux, que la loi prend soin de déterminer et qu'il nous faut énumérer en en étudiant la valeur.

1o *Citation en justice.* — Le Droit Romain n'admettait pas que la simple citation en justice pût interrompre l'usucapion ; il fallait attendre que la *litis-contestatio* eût lieu ; cette règle, abrogée par l'ancienne jurisprudence, n'a pas été maintenue dans notre Code. Il ne faut pas suivre à la lettre les termes de la loi ; la logique, plus puissante que son texte, force d'assimiler à une citation en justice pour les effets interruptifs de la prescription, une demande reconventionnelle faite par acte d'avoué à avoué dans le cours d'une instance. Il faudra aussi attribuer les mêmes effets à une intervention dans une instance déjà liée, ou une demande formée par requête de productions à un ordre.

(2246). La citation en justice donnée même devant un juge incompétent interrompt la prescription , parce qu'elle montre suffisamment la diligence de celui qui se pourvoit en justice. On se demandait autrefois s'il ne fallait pas distinguer l'incompétence *ratione materiæ* ou *ratione personæ;* mais comme l'opinion générale était qu'il ne fallait pas distinguer, ainsi que l'affirmait M. Bigot de Préameneu, orateur du gouvernement, elle est passée sans la moindre discussion dans notre Code; mais quand l'assignation aura été nulle pour défaut de forme, comme elle n'a plus alors aucune valeur juridique, malgré les observations de la Cour de Cassation sur le projet du Code Civil de l'an VIII, la loi a admis qu'elle n'aurait aucune valeur interruptive.

Le bon sens, à défaut de la loi, nous aurait averti que, lorsque le demandeur se désiste de sa demande, il devenait manifeste que l'assignation devait tomber comme une arme inutile ; mais l'on aurait pu douter que la péremption d'instance dût la faire considérer comme non-avenue. Du reste, l'ancienne jurisprudence était loin d'être d'accord sur ce point ; cependant l'on comprend assez bien que l'on puisse assimiler la péremption à un désistement tacite ; mais il faut observer qu'elle n'a jamais lieu de plein droit, qu'elle doit être expressément demandée par le défendeur, et qu'elle ne fait jamais tomber que l'instance, et non pas le droit en lui-même, à moins cependant qu'il ne soit éteint par la prescription qui a couru pendant le procès, puisque le procès est censé n'avoir jamais été engagé.

Enfin, si malgré la discussion du demandeur, le procès est perdu pour lui, il est évident que la prescription sera considérée comme n'ayant jamais été interrompue. On pourra même s'étonner que l'art. 2147 ait pris le soin d'énoncer ce principe, puisque le défendeur se trouve main-

2

tenant garanti, non pas tant parce que la prescription n'est pas interrompue, que parce qu'il est protégé par la chose jugée en sa faveur. Mais cette disposition trouve son application lorsque par exemple un créancier solidaire ayant intenté un procès et l'ayant perdu, le débiteur trouve intérêt à dire que s'il n'y a pas chose jugée en sa faveur vis à vis de tous les créanciers solidaires, il est tout au moins certain que la prescription n'a pas été interrompue par la poursuite de l'un d'eux.

2o *Citation en conciliation.* — Cet acte semblerait ne pas produire, comme aurait dit la coutume de Paris, une inquiestation assez énergique pour qu'elle soit considérée comme interrompant la prescription ; aussi notre loi civile, comblant une lacune laissée par la loi des 16-24 août 1790, n'attache l'effet interruptif à la citation en conciliation que lorsqu'elle est suivie d'une assignation donnée en justice dans le mois, à partir de sa date.

Que faut-il penser de la comparution volontaire des parties devant le bureau de paix suivie d'ajournement ? Est-elle interruptive de prescription ? Il nous semble qu'il y a une raison déterminante pour l'assimiler complétement à la citation en conciliation. N'indique-t-elle pas la même intention des parties de ne pas s'en rapporter à la simple apparence du fait, de possession ou d'inaction du créancier ? N'y a-t-il pas même de plus que dans la citation en conciliation quelque chose qui ressemble à la reconnaissance du droit du demandeur par le défendeur ?

Quid de la citation en conciliation, donnée pour une affaire qui est dispensée de ce préliminaire ? Il nous semble qu'elle vaut toujours comme interruptive de prescription ; il faut plutôt se rattacher à l'intention des parties qu'aux résultats de leurs intentions ; nous adopterions la même solution quand même il s'agirait d'une citation en conciliation donnée pour une affaire non susceptible de transaction. Est-ce que cette hypothèse n'est pas essentiellement analogue au cas où il s'agit d'une citation donnée devant un juge incompétent et qui est interruptive de prescription ?

De même que la demande reconventionnelle formée en justice est interruptive de prescription comme la citation elle-même, il en sera de même pour la demande reconventionnelle formée devant le bureau de paix.

3º *Commandement.*— Le commandement est un acte qui forme généralement le préliminaire obligé de l'exécution forcée, et qui, avertissant la partie qu'elle sera contrainte à l'accomplissement des obligations contenues dans le titre exécutoire, est évidemment un acte assez sérieux pour interrompre la prescription. Il a de plus cet avantage, qu'il est toujours forcément accompagné de la copie du titre en vertu duquel il est fait ; ce qui met bien à même la partie qui le reçoit, de se renseigner sans aucune méprise possible sur la valeur des droits de celui qui lance le commandement.

Le commandement a donc autant de force que la citation en justice ; il en a même davantage, car il n'est pas soumis aux règles de la péremption de trois ans, et que sa valeur dure pendant trente ans. Le commandement peut être utilisé pour la prescription acquisitive, comme pour la prescription libératoire.

4º *Saisie.*— Quand la saisie a été précédée d'un commandement, ce qui arrive presque dans tous les cas, elle vient s'ajouter encore comme cause interruptive de prescription, et retarde le retour de ce moyen d'acquitter ou de se libérer de tout le temps qui a séparé le commandement de la saisie. Toutes les saisies, saisies réelles, saisies exécutions, saisies brandons, toutes seront interruptives de la prescription ; mais *quid* de la saisie arrêt ? Malgré son caractère conservatoire, elle nous paraît suffisamment interruptive de prescription, car elle avertit le débiteur.

L'on s'est quelquefois demandé si une sommation pourrait être considérée comme interruptive de prescription ; en général il faut répondre que non, car elle n'est pas précédée, comme le commandement, de la copie des titres, sur lesquels on se fonde pour interrompre la prescription. Cependant on pourrait faire exception à cette règle pour la sommation de payer ou de délaisser, qui a une valeur aussi énergique contre le tiers détenteur que le commandement.

5º *Reconnaissance du droit du propriétaire ou du créancier.*— Evidemment, il n'y a rien de plus contraire aux fondements de la prescription, que la confession que fait le débiteur ou le possesseur du droit de celui contre lequel il prescrivait. La reconnaissance peut être faite par acte authentique ou sous-seing privé ou même par simple lettre missive, elle n'a nul besoin d'être acceptée par celui dont le droit est reconnu. Elle peut aussi être tacite. On peut en donner pour exemple la présentation d'une caution, la demande d'un délai pour payer, la présence du possesseur à la vente que fait le propriétaire de son domaine, mais il ne sera pas toujours bien facile de démontrer l'existence de ces faits de reconnaissance. On ne pourra employer la preuve testimoniale, que lorsque l'intérêt du créancier ou du propriétaire ne dépassera pas cent cinquante francs, à moins qu'on ne soit dans le cas d'exception prévu par les articles 1347 et 1348. L'on pourrait, à la rigueur, déférer le serment pour établir la reconnaissance qui a eu lieu.

Effets de l'interruption relativement aux conditions de la prescription.

Quand l'interruption a été naturelle, la prescription peut recommencer quand la posesssion du tiers a cessé, et elle peut recommencer dans les mêmes conditions de temps qu'antérieurement. Si cependant il était survenu pendant l'interruption une circonstance éversive de la bonne foi, qui est le fondement de la prescription de dix et vingt ans, après l'interruption, la prescription ne pourrait avoir lieu que par le délai de trente ans.

Quand la prescription est interrompue par un ajournement, il n'y aura pas, comme dans le Droit Romain, prorogation du délai par lequel devait se prescrire l'action en vertu de laquelle l'ajournement a été lancé; seulement, si le jugement est rendu et qu'il se fût agi d'une action devant se prescrire par un délai de cinq ans, par exemple, la prescription contre le jugement n'aura plus lieu maintenant que par trente ans.

Lorsque l'interruption a eu lieu par l'effet d'un commandement, la prescription interrompue par cet acte pourra recommencer après lui, sans que l'on puisse soutenir que la prescription doive maintenant être trentenaire, si elle pouvait avoir lieu antérieurement par un délai plus court, car le commandement n'a opéré aucune novation.

Quant à la saisie, si elle tombe en péremption, le commandement restera debout derrière elle, et dès-lors la règle sera la même que elleé que nous venons de voir. Si, au contraire, elle se poursuit en justice, la prescription durera autant que l'instance ; et contre le jugement, la prescription sera toujours trentenaire.

Enfin, lorsque l'interruption a lieu par la reconnaissance d'un débiteur, par exemple, et surtout dans le cas où elle est expresse, elle vaudra novation du titre antérieur, et, par conséquent, ne permettra plus à la prescription de recommencer qu'avec le délai trentenaire.

Effets de l'interruption relativement aux personnes.

De même que la chose jugée n'a d'effet qu'entre les parties engagées dans l'instance, de même l'interruption de la prescription ne vaudra qu'entre les personnes contre lesquelles elle a eu lieu. Ainsi, même lorsqu'un créancier hypothécaire intente une action contre l'un des héritiers de son débiteur qui a dans son lot l'immeuble hypothéqué, la prescription n'est pas pour cela interrompue vis-à-vis des autres qui ne peuvent pas être considérés comme ayant donné mandat à celui qui a discuté avec le créancier. L'interpellation faite à l'usufruitier n'aura pas de valeur contre le nu-propriétaire ; il en sera de même lorsqu'un des légataires institué conjointement aura interrompu la prescription contre l'héritier ; cette interruption ne profitera pas aux autres.

Cependant, quand il s'agira de dettes solidaires, comme tous les débiteurs sont considérés comme mandataires les uns des autres, *ad perpetuendam obligationem*, l'interruption acquise contre l'un d'eux vaudra contre tous les autres. Il en est de même quand il s'agit de débiteurs de choses indivisibles. Mais l'assimilation cesse quand l'un de ces débiteurs est mort laissant des héritiers. Dans le cas de solidarité, l'interpellation faite à l'un d'eux ne suffira pas pour interrompre la prescription pour le tout à l'égard des autres cohéritiers ; et il en sera autrement dans le cas d'indivisibilité. La raison en est que le fondement du droit du créancier de réclamer le tout contre l'un des codébiteurs solidaires, est fondé sur l'idée d'un mandat tacite, mandat que la mort de l'un d'eux doit dissoudre ; tandis que dans le cas d'indivisibilité , le même droit se fonde sur la nature même de l'obligation qui n'a pas pu changer par la mort de l'un des engagés (2249).

(2050) L'interpellation faite au débiteur principal ou sa reconnaissance interrompt la prescription contre la caution ; mais il en serait autrement s'il s'agissait d'une reconnaissance survenant après la prescription acquise , parce que le débiteur ne pourrait pas porter atteinte au droit acquis à la caution. La réciproque de l'art. 2250 est-elle vraie? Il nous semblerait que oui , si la caution s'était engagée en vertu d'un mandat spécial donné par le débiteur principal, car alors elle le représenterait.

CHAPITRE II.

Suspension de la prescription.

La suspension , nous le savons, ne fait que créer une lacune dans la prescription, et ne l'empêche pas, quand elle recommence, de venir se joindre au temps qui a couru antérieurement ; il nous faut voir maintenant quels sont les cas dans lesquels la suspension a lieu en faveur du propriétaire ou du créancier , contre les droits desquels la loi défend , pendant quelque temps, la protestation de la part du possesseur ou du débiteur.

Dans l'ancien Droit, l'on avait admis toutes les conséquences les plus éloignées de la maxime : *Contra non valentem agere non currit præscriptio ;* mais dès lors l'on allait jusqu'à dire que la maladie du créancier ou du propriétaire, que son absence, même momentanée, devait créer une suspension de prescription en sa faveur. Notre loi civile a voulu probablement , en s'associant aux plaintes émises sur ce point, faire disparaître toutes ces anciennes difficultés en disant, dans l'art. 2251, que la prescription courra contre toutes personnes, à moins qu'elles ne soient dans un des cas d'exception établis par la loi. Aussi, quelques auteurs soutiennent qu'il ne faut jamais dépasser les limites de ces exceptions, et que même les cas de force majeure non prévus par la loi ne pourront jamais être pris en considération.

Quant à nous, nous pensons que si la loi du 6 brumaire an V, en faveur des défenseurs de la patrie, est complétement abrogée; que si l'état de faillite, ou la pauvreté du débiteur, ne sont pas un obstacle au cours de la prescription, il est cependant des cas dans lesquels l'on sera obligé de reconnaître que la suspension devra avoir lieu, malgré le silence de la loi.

Nous en donnons pour exemple la suspension qui doit arriver forcément dans le cas où la confusion a lieu pour une dette, et celui où les héritiers réservataires sont obligés d'attendre pour intenter l'action en réduction des donations faites par leur auteur, que la succession soit ouverte. Nous ne tirerons aucun argument de ce que quelquefois les porteurs de lettres de change ont été relevés de toute déchéance, à cause d'une insurrection ou d'une guerre, sans qu'il y ait eu de loi spéciale sur ce point; car il est arrivé d'autres cas, au contraire, où le législateur s'est cru obligé de garantir expressément de la déchéance les porteurs des effets de commerce; nous nous contenterons seulement de dire, à propos de ces titres particuliers, que le fait d'un tiers peut quelquefois entraîner une suspension en faveur du créancier, par exemple, quand le tireur s'est emparé indûment de la lettre de change et l'a gardée plus de cinq ans.

1º Suspensions de prescriptions à cause de la qualité des créanciers ou propriétaires. — (2252.) La prescription ne court pas contre le mineur et les interdits, en règle générale, sauf le cas où il s'agit de petites prescriptions.

Le Droit coutumier n'avait admis qu'avec beaucoup d'hésitation la suspension de la prescription en faveur du mineur; les divergences étaient nombreuses sur ce point, et ce n'est pas sans de vives observations de la Cour de Cassation que cet art. 2252 a été inscrit dans notre Code. Quoi qu'il en soit, la loi a pensé avec assez de raison que l'action du mineur contre le tuteur pour se faire garantir d'une prescription courue, serait quelquefois dérisoire; et comme elle n'a nullement distingué entre les mineurs, il nous semble que le mineur émancipé verra lui aussi, la prescription suspendue en sa faveur , d'autant mieux qu'il ne faut pas lui permettre d'aliéner son patrimoine , en laissant courir volontairement ou involontairement la prescription contre lui. Mais la prescription ne sera pas suspendue en faveur de celui qui n'est pourvu que d'un conseil judiciaire.

Quid de l'application de l'art. 710 du Code Napoléon, dans lequel la présence d'un mineur relève les majeurs des déchéances encourues contre lui ? Elle n'aura lieu que lorsque la matière est indivisible.

(2254). La prescription courra contre la femme mariée, parce que la loi a pensé qu'elle pourrait se garantir beaucoup mieux que le mineur; cependant, il est des cas d'exception à cette règle.

D'abord la prescription ne courra point contre la femme mariée pour les actes qu'elle a faits sans l'autorité maritale et dont elle voudrait demander la nullité ou la rescision; car l'art. 1304 du Code Napoléon lui permet de n'intenter l'action qu'à partir de la dissolution du mariage, et cette règle recevra son application, sous quelque régime que la femme soit mariée, pourvu qu'il s'agisse d'un acte qu'elle ne pouvait pas faire sans l'autorisation maritale.

(2256). Comme exception étendue dans son application et qui vient briser la règle qui voulait que la prescription pût courir contre la femme mariée, il faut poser le cas où la prescription sera suspendue pour toutes les actions qui, intentées par la femme contre un tiers, seraient de nature à réfléchir contre son mari. La loi en donne l'exemple dans le cas où le mari aurait vendu le bien propre de la femme sans son consentement, et où l'action en révocation intentée par la femme contre l'acheteur, donnerait lieu à une action en garantie contre le mari. Mais il est bien entendu qu'il n'y aurait plus de suspension de prescription, si le mari avait vendu aux risques et périls de l'acheteur, ou bien dans le cas où le mari se serait borné à autoriser sa femme à vendre un immeuble qui lui est propre, et où la femme voudrait intenter une action en révocation de cette aliénation.

Quoique la loi ne donne pas d'exemple du cas où l'action de la femme pourrait réfléchir contre le mari, que lorsqu'il s'agit d'action en révocation d'aliénation, il faudrait admettre la même règle, dans le cas où il s'agirait d'obligations que la femme aurait contractées dans son propre intérêt, solidairement avec son mari, parce que l'action du créancier déterminant de la part de la femme un recours contre le mari, la placera bien dans cet état de dépendance où la loi suppose que la femme n'oserait pas intenter d'action contre son mari.

Quoique la séparation de corps ou de biens soit intervenue entre époux, la prescription sera suspendue, si l'action de la femme est de nature à réfléchir contre le mari. La séparation, en effet, ne brise pas complétement le mariage et, quoiqu'elle donne à la femme la liberté d'agir contre des tiers, si ceux-ci recourent contre le mari, la femme n'est pas plus libre après la séparation qu'auparavant.

Enfin, il est deux autres cas dans lesquels la femme jouit du bénéfice de la suspension de prescription ; mais ils sont spéciaux, l'un au cas de communauté, l'autre au cas de régime dotal.

Quand la femme est mariée sous le régime de la communauté, si son action est de nature à ne pouvoir être exercée qu'après une option à faire sur l'acceptation ou la renonciation à la communauté, elle est suspendue jusqu'à la dissolution de la communauté, c'est-à-dire pendant tout le cours du mariage. On peut en donner pour exemple, le cas où la femme aura à faire révoquer une donation faite par le mari, des immeubles de la communauté, et que la femme ne pourra intenter que si elle accepte cette même communauté. On peut aussi trouver dans l'article 1408 un exemple d'application de la même règle, on en comprend la raison : c'est que le droit de la femme, dans ce cas-là, est conditionnel, et que la prescription ne peut pas courir avant l'accomplissement de la condition ; c'est que si la prescription devait courir, la femme devrait contrôler tous les actes de son mari, le surveiller activement, ce qui serait contradictoire avec les principes de la loi sur la puissance maritale.

La prescription est suspendue, dans le régime dotal, à un double point de vue, soit dans le cas où il s'agirait de l'aliénation du fonds dotal dont

3

la révocation peut être demandée, en vertu du principe de l'inaliénabi-
lité de la dot, soit lorsqu'un tiers s'est emparé de l'immeuble dotal pour le
posséder et en acquérir la possession par la prescription. Cependant,
dans ce dernier cas, si la prescription avait commencé antérieurement
au mariage, elle continuerait à courir sans aucune interruption. Et
quant à la séparation de biens, elle a pour effet de permettre la prescription pour la première fois, à partir de sa date, quoique la possession ait
commencé antérieurement, et de la faire recourir après la suspension
intervenue depuis le mariage jusqu'à la séparation, si la possession a
commencé antérieurement.

Hors le cas d'exception que nous venons de voir, il est donc bien certain que la prescription court toujours contre la femme, sauf le recours
qu'elle a contre son mari, quand même ce recours serait illusoire pour
cause d'insolvabilité de ce dernier; mais cette action de la femme contre le mari ne pourra être exercée, que si la prescription s'est accomplie
pendente matrimonio, parce que c'est seulement à ce moment qu'on peut
lui reprocher de n'avoir pas interrompu la prescription. Cependant,
il faudra quelquefois tempérer la rigueur du recours de la femme contre le mari, lorsque la prescription était tellement imminente après
la célébration du mariage, que le mari n'a pas eu réellement le temps
de prendre des mesures conservatoires; mais il ne faudra pas aller jusqu'à dire que l'insolvabilité du débiteur de la femme puisse faire pardon-
ner au mari de n'avoir pas fait diligence, au moins pour s'assurer positivement de cette insolvabilité.

Enfin, pour en terminer avec les règles de suspension de prescription
relativement à la femme mariée, il nous suffira de dire que, quoique
l'art. 2254 s'exprime limitativement, en disant que la prescription ne
courra pas contre la femme pour les biens dont le mari a la libre administration, il est incontestable que la loi n'a voulu poser qu'une hypothèse où il y aurait pu avoir doute, et que par *a fortiori* la prescription courra contr'elle pour les biens paraphernaux dont l'administration
et la jouissance lui compètent.

2º Suspension de la prescription à cause de la qualité des personnes
entre lesquelles elle pourrait courir (2253). — La prescription ne court

point entre époux ; deux raisons servent de fondement à cette règle : la première, c'est que si les époux étaient obligés de s'actionner pendant le mariage pour interrompre la prescription, la paix du ménage en serait troublée ; d'autre part, c'est que les époux pourraient se faire des donations indirectes, en laissant courir volontairement la prescription ; il est inutile de dire que la séparation de corps ne pourra introduire aucune exception à l'art. 2254.

(2258) La prescription ne court point contre l'héritier bénéficiaire à l'égard des créances qu'il a contre la succession.—Cela se comprend assez bien, c'est qu'il ne peut guère agir contre lui-même, et, de plus, qu'ayant la possession des biens de l'héritier, dans l'intérêt de toutes les personnes qui ont des droits sur la succession, il jouit aussi pour lui-même, et sa possession empêche alors que la prescription ne coure contre lui. Mais si l'héritier bénéficiaire n'est pas seul héritier, la prescription court contre lui à l'égard des portions de sa créance mises à la charge des autres héritiers pour leur portion virile.

La prescription ne sera point suspendue contre une succession vacante, quoique non pourvue de curateur; c'est imposer aux héritiers l'obligation de se présenter pour empêcher la vacance, et c'est engager les créanciers à faire nommer un curateur. La réciproque de cette règle sera vraie.

(2259). La prescription courra contre la succession pendant les trois mois pour faire inventaire et les quarante jours pour délibérer, parce que l'héritier pouvait faire, sans être tenu de prendre qualité, tous les actes conservatoires, tels que l'interruption de prescription. Réciproquement la prescription ne sera pas suspendue en faveur des créanciers de la succession pendant ces mêmes délais, parce que les créanciers pouvaient très bien intenter leur action, sauf à subir l'exception dilatoire.

3° Suspensions de la prescription en faveur de la qualité de la créance. —Comme la prescription libératoire est fondée en partie sur cette idée que le créancier a eu tort de demeurer dans l'inaction, et comme il ne peut pas agir avant que la condition ne soit réalisée, il est tout simple que la prescription soit suspendue jusqu'à l'avénement de la condition suspensive. Comme application de ce principe, la loi prévoit l'hypothèse de l'action en garantie qui est conditionnelle, en ce sens, qu'elle ne peut être intentée que si l'éviction a eu lieu, et contre laquelle, par conséquent, la prescription ne courra que lorsque l'éviction se sera réalisée.

On peut citer aussi les droits et gains nuptiaux surbordonnés à la condition de survie ; les substitutions conditionnelles et les donations avec condition de retour si le donataire était prédécédé.

Mais *quid* du cas où la discussion ne se passe pas entre le créancier et le débiteur conditionnels, mais du cas au contraire, où l'immeuble affecté, par exemple à une hypothèque conditionnelle, passe entre les mains d'un tiers détenteur ?

Nous croyons que, dans ce cas-là, il faudra décider, contrairement au Droit Romain, et suivant l'ancienne jurisprudence Française, que le créancier pourra très bien interrompre la prescription contre les tiers détenteurs, pour une action qu'on aurait appelée autrefois action en déclaration d'hypothèque. Il n'est pas dès-lors essentiel de suspendre la prescription en sa faveur. Nous généraliserons même cette opinion pour garantir le crédit public, et l'affranchissement de la propriété dans les mains des tiers, pour le cas où il s'agit d'une chose léguée sous condition, et qu'un autre que le légataire possède avec titre et bonne foi, ainsi que pour le cas où je tiers acquéreur prescrit contre la clause résolutoire conditionnelle, qui affecte l'immeuble acheté. Cette opinion est tout à fait conforme au texte de la loi, qui ne se préoccupe que des créances conditionnelles, et non pas des droits réels conditionnels, quand elle parle de la suspension de la prescription à cause d'une condition.

La suspension de prescription aura lieu aussi en faveur d'une créance à terme, jusqu'à la réalisation du terme : la raison en est que, comme la prescription est fondée en partie sur la présomption d'un paiement, il serait par trop ridicule de la placer avant le terme, c'est-à-dire à un moment où le paiement ne pouvait pas être réclamé. Il importe fort peu que le terme soit certain ou incertain ; et quand il s'agira d'une dette payable en plusieurs termes, la prescription courra pour chacune de ces fractions, à partir de l'accomplissement de chaque terme.

Droit Commercial.

Du Billet à ordre. — De la Prescription.

Tous les engagements souscrits en dehors des formes civiles ordinaires et destinés à procurer un crédit sûr et facile, à cause de leur transmission par la voie de l'endossement, devraient tous être soumis aux mêmes règles et ne pas souffrir de distinction.

Cependant la loi a distingué le billet à ordre de la lettre de change. Voyons la valeur de cette distinction.

La lettre de change suppose la remise de place en place, c'est là même une condition essentielle de son existence. Le billet à ordre, au contraire, est payable dans le lieu même où il a été souscrit.

La lettre de change suppose que trois personnes sont engagées dans ses liens : le tireur, le tiré et le porteur ; le billet à ordre, au contraire, se passe uniquement entre un souscripteur et un bénéficiaire, qui peut transmettre par la voie de l'endossement le bénéfice que lui procure le billet qu'on lui a souscrit.

Le billet à ordre n'est pas payable par les mains d'un tiers comme la lettre de change, mais bien par le souscripteur lui-même.

La souscription du billet à ordre ne doit pas non plus imposer au souscripteur l'obligation de garantir l'acceptation, et c'est là un point qui le sépare de la lettre de change.

Autrefois même il y avait entre ces deux éléments juridiques une autre différence résultant de ce que, pour constater le paiement des billets à ordre, on n'usait pas de protêt, et qu'il fallait pour faire courir les intérêts une citation en justice. Cette dernière différence a disparu, et la présence de l'obligation du protêt avec toutes ses conséquences rapproche maintenant le billet à ordre et la lettre de change.

Légalement encore il faut remarquer que, tandis que la lettre de change forme, quelle que soit la cause, un engagement commercial et entraîne par conséquent toujours la contrainte par corps, le billet à ordre, au contraire, n'est pas par lui-même un acte de commerce. Il ne sera réputé tel que s'il est souscrit pour une opération de commerce réelle ou présumée.

Mais sauf ces différences, et d'après le texte même de l'article 187, toutes les dispositions relatives aux lettres de change, concernant l'échéance, l'endossement, la solidarité, l'aval, le paiement par intervention, le protêt, etc., sont communes au billet à ordre.

(Article 188.) Le billet à ordre doit être daté, il doit énoncer la somme à payer, le nom de celui à l'ordre duquel il est souscrit, l'époque à laquelle le paiement doit s'effectuer, et la valeur qui a été fournie en espèces, en marchandises, en compte ou de toute autre manière, autrement dit, la cause de l'émission des billets.

Cette disposition peut donner lieu à quelques questions. Et d'abord, faut-il, quand le billet à ordre n'est pas écrit de la main même du signataire, exiger un *bon et approuvé* précédant la signature ? La jurisprudence a souvent admis l'affirmative, en se fondant sur ce que le billet à ordre n'étant pas un acte commercial par lui-même, par sa seule forme, il ne pouvait pas échapper, par la rédaction, aux exigences de la loi civile et notamment à celle de l'art. 1326, qui demande cette formalité du *bon et approuvé*.

Nous ne serions guère disposé à adopter cette opinion. Pourquoi, en effet, ne pas apporter dans la rédaction des billets à ordre la simplicité des formes de la lettre de change ? Pourquoi tendre, pour ainsi dire, un piège à la bonne foi de celui qui n'a pas bien compris la différence entre le billet à ordre et la lettre de change, et qui aura accepté un billet à ordre sous cette formalité ? Enfin n'est-il pas bien vrai de dire que le billet à ordre n'est qu'une lettre de change dégénérée, et que, souvent, la remise de place en place n'étant que fictive en matière de lettre de change, il est souvent impossible de la distinguer d'un simple billet à ordre?

Nous venons de voir que le billet à ordre énonce le nom de celui à l'ordre de qui il est souscrit ; cependant la pratique a consacré le simple billet au porteur qui renferme la promesse de payer une certaine somme au porteur du billet, sans désignation de la personne du créancier qui en a fourni la valeur. De telle façon que la propriété de ce billet se transmet par la seule remise du titre de la main à la main, sans qu'il soit besoin d'aucun acte de cession ou d'endossement; et il est payable à tout individu qui en est porteur au moment de l'échéance.

Mais *quid* du cas tout à fait opposé, où l'on souscrirait un billet à ordre en faveur seulement d'une personne déterminée , et que cependant le porteur le négociât? Nous croyons, dans ce cas-là , que la position qu'a voulu prendre le souscripteur de ce billet, en l'absence de clause *à l'ordre*, demeurera toujours la même et que , quel que soit le nombre des négociations auxquelles on se livrerait pour ce billet, le souscripteur n'en aurait pas moins toujours le droit de se considérer comme engagé uniquement vis à vis de celui auquel il a souscrit le billet. Il pourra dès-lors toujours opposer à tout endosseur ou à tout porteur les exceptions qu'il aurait pu opposer à son unique créancier.

L'art. 188 exige que la cause du billet à ordre soit énoncée pour tout le monde , dans toute circonstance , et cependant l'art. 638 , *in fine*, pose comme présomption légale , que tous les billets souscrits par un commerçant seront réputés, en l'absence de toute énonciation de cause , souscrits pour son commerce. L'art. 188 n'aurait pas dû dès-lors obliger le commerçant à énoncer la cause de ses engagements pris dans les billets à ordre , ou bien faut-il voir entre ces deux articles une véritable anomalie ? Il nous semble que non; il faut remarquer en effet que l'art. 188 permet d'indiquer d'une façon assez vague la cause de l'engagement qui a donné lieu à la souscription du billet ; et alors quand ce vague existera, la présomption de l'art. 638 viendra , s'il s'agit d'un commerçant , combler la lacune et donner à l'engagement un caractère certain.

A côté du billet à ordre, la pratique commerciale place *le billet à domicile* qui ressemble à la lettre de change, parce qu'il renferme la remise de place en place, mais qui en diffère en ce que dans le billet à domicile il n'y a, comme dans le billet à ordre, que deux personnes, le souscripteur et le bénéficiaire. Nous ne ferons que mentionner cette forme de billet, en ne croyant pas utile de nous livrer à une discussion pour savoir si cet acte est ou non commercial ; le texte de l'article 632 *in fine* répond suffisamment, en disant que toute remise de place en place est considérée comme acte de commerce.

De la Prescription.

Une solidarité intime unissant tous les signataires d'un engagement commercial, et fesant peser sur leur tête la crainte de la contrainte par corps, le législateur a pensé qu'il fallait les soustraire le plus tôt possible à la dure condition qui leur est faite ; aussi a-t-il établi en leur faveur une prescription plus courte, celle de cinq ans.

Toutes les actions relatives aux lettres de change et aux billets à ordre souscrits par des négociants ou marchands, ou par toute autre personne, mais relatives aux effets de commerce, seront prescrites par le délai de cinq ans. (Art. 189). Il faut remarquer que cet article est introduit dans le droit nouveau relativement aux billets à ordre qui n'étaient prescriptibles sous l'empire de l'ordonnance de 1673 que par le délai de trente ans, et que la lettre de change se prescrira toujours par ce délai, quand même elle serait souscrite par un non-commerçant, et n'aurait pas pour cause un acte de commerce.

Nous ferons tomber sous le coup de cette même prescription les actions à intenter contre ceux qui ont garanti par un aval, ainsi que celle que l'on pourra intenter contre le tiré, quand le tireur a fait provision et que cette provision l'a libéré. Mais si une lettre de change, par suite de l'absence de certaines conditions, était réduite à l'égard de simple promesse, la prescription n'aurait plus lieu contre elle que par trente ans.

Cette prescription de cinq ans commencera à courir du jour du protêt, et si l'on a négligé de faire un protêt, à partir du jour où il aurait dû être fait, c'est-à-dire à partir du lendemain de l'échéance de la lettre de change.

Elle ne sera suspendue ni par la faillite du débiteur, ni par celle du créancier, car si le débiteur failli ne peut plus être actionné personnellement, et si le créancier failli ne peut pas non plus intenter une action personnellement, ils auront tous les deux des représentants pour répondre en justice.

L'interruption de la prescription aura lieu si la dette a été reconnue par acte séparé, ne fesant pas corps avec l'engagement commercial. Il est bien incontestable aussi que la citation en justice, même non suivie de condamnation, entrainera l'interruption. Mais si une condamnation est obtenue et prononcée, il y aura non-seulement interruption de prescription, mais il y aura novation, transfusion d'un titre commercial dans un titre civil, qui ne pourra plus être atteint que par la prescription de trente ans.

Nous avons dit que l'engagement de tous les signataires d'un effet commercial étaient solidaires; mais cette solidarité est de celles que l'on appelle imparfaite, autrement dit, *obligatio in solidum*, c'est-à-dire qui ne repose pas sur un mandat tacite, que se seraient donné réciproquement les divers engagés. Aussi, nous pensons que la prescription interrompue contre l'un ne sera pas interrompue contre l'autre, et que, notamment la reconnaissance faite par l'un d'eux, ne préjudiciera pas aux droits des autres.

La prescription de cinq ans étant surtout fondée, comme toutes les petites prescriptions, sur une présomption de paiement, il en résulte que quand même le débiteur par titre commercial est actionné après l'échéance du délai de la prescription, il est tenu d'affirmer sous serment qu'il ne doit plus rien. Si ce n'est pas directement le débiteur, mais son héritier ou sa veuve qui sont actionnés, ils seront tenus de prêter serment qu'ils croient de bonne foi que la dette a été payée; c'est ce qu'on appelle le serment de *crédulité*.

4

Droit Administratif.

De la Compétence administrative et judiciaire en matière de marchés publics.

Lorsque l'État ou toute autre personne morale a besoin de fournitures mobilières : subsistances, habillements, etc., généralement, l'achat ne se fait pas de gré à gré avec le fournisseur ; mais entre lui et la personne morale il y aura un adjudicataire dont le titre et la convention peuvent donner lieu dans l'application à quelques difficultés. Ces difficultés sont relatives à ce qu'on appelle les marchés publics, et nous devons, en peu de mots, sans les énumérer toutes, indiquer les diverses juridictions devant lesquelles elles peuvent se résoudre.

L'autorité administrative sera mise à leur égard bien plus souvent en jeu que l'autorité judiciaire ; aussi allons-nous commencer par exposer ce qui est relatif à la compétence de l'autorité administrative, en distinguant d'abord les cas d'application de la juridiction gracieuse.

Juridiction gracieuse.

Tous les marchés et fournitures pour le compte de l'État étant passés par les ordres et sous l'autorité du ministre, tantôt directement par eux, tantôt par leurs agents inférieurs, il est tout naturel que chaque ministre conserve dans ses attributions le pouvoir de résoudre comme chef hiérarchique les difficultés relatives aux marchés de son département. Aussi un grand nombre d'ordonnances et de réglements, notamment du 4 décembre 1836, du 31 mai 1838, leur donnent-ils le pouvoir d'approuver indistinctement les adjudications et réadjudications qui ne seront jamais valables et définitives qu'après cette approbation.

Le réglement du 22 septembre 1817 donne aussi au ministre le droit d'ordonner la passation de marchés d'urgence, aux risques et périls de l'entrepreneur, faute par lui d'exécuter ponctuellement les clauses de son marché, ainsi que d'apprécier les réclamations d'un fournisseur qui a encouru la déchéance pour n'avoir pas produit ses pièces en temps utile et qui sollicite de nouveaux délais pour faire cette production.

De plus, comme il est juste que celui qui a fait la loi puisse l'abroger, c'est le ministre qui prononcera la résiliation des marchés devenus définitifs, avec cette précision cependant que si les marchés ont été passés par les préfets, ce sont ces fonctionnaires qui prononcent la résiliation, sauf approbation du ministre.

Enfin, si l'adjudicataire croit qu'il est de son intérêt de réclamer, sans qu'il en ait positivement le droit, une indemnité ou un supplément de prix, c'est le ministre qui décidera la question.

Une exception a été apportée à la compétence générale du ministre en matière de marchés publics par l'art. 24 du tableau A du décret de décentralisation du 25 mars 1852, en décidant que les préfets seraient maintenant compétents pour statuer sur les questions relatives aux marchés de fournitures pour les prisons départementales, les asiles d'aliénés et tous les établissements départementaux.

Juridiction contentieuse.

Ce n'est pas tout à fait sans difficulté que l'on a fini généralement par admettre la compétence des ministres en premier ressort pour le contentieux des marchés publics. On s'est fondé pour la contester sur l'art 14 du décret du 11 juin 1806, qui porte que le Conseil-d'Etat connaîtra de toutes les contestations relatives aux marchés passés avec les ministres, pour attribuer cette compétence exclusivement au Conseil d'Etat. On s'est fondé aussi sur l'arrêté du 19 thermidor an IX, d'après lequel les contestations relatives aux paiements des fournitures faites pour le compte du gouvernement, paraissent avoir été attribuées aux préfets, pour investir ces fonctionnaires de cette juridiction spéciale.

Quant à nous, nous pensons qu'en principe le Conseil d'Etat n'étant que juge d'appel, rien n'empêche de concilier notre opinion qui accorde le contentieux des marchés publics aux ministres, avec l'art. 14 du décret précité, en décidant que le ministre sera juge du premier degré, et le Conseil d'Etat toujours juge d'appel. Quant à l'arrêté qui semble attribuer compétence aux préfets, il faut l'interpréter en ce sens qu'il leur est permis de faire tous actes d'instructions, mais rien au delà.

Du reste, il faut remarquer que les ministres n'exerceront leur juridiction directement que lorsque le marché a été passé personnellement avec eux ; si, au contraire il a été passé avec le préfet, ils n'agiront jamais qu'après instruction de ce fonctionnaire. La jurisprudence a décidé maintes fois qu'il était permis uniquement aux ministres d'interpréter les clauses ou conditions des traités passés avec les fournisseurs. Spécialement, le 17 août 1825 on a reconnu qu'il leur appartenait de décider à quelle époque doit remonter la résiliation, lorsque les parties ont stipulé qu'elles auraient ce droit-là, et que l'une d'elles en a usé.

On a reconnu aussi d'une façon générale, que le ministre avait le droit de décider par exemple, si telle nature de marché constitue un marché public et si les clauses qui y sont insérées sont valables (22 février 1826, 11 avril 1837) et surtout, si d'après le traité, il devait être tenu compte à l'entrepreneur des pertes par lui éprouvées (10 janvier 1839, 27 mai 1839).

Nous avons dit plus haut que lorsque la résiliation est prononcée d'office par l'administration, la matière sera considérée comme purement gracieuse ; mais lorsque la résiliation est demandée par l'entrepreneur en vertu des clauses de son marché, cette réclamation donne lieu à un débat contentieux, parce qu'il s'agit alors de statuer sur l'interprétation du marché ou sur son exécution.

Enfin, la liquidation des marchés et le réglement des titres de créances des fournisseurs ne deviennent définitifs que par la décison du ministre.

Compétence judiciaire.

Les grands travaux d'intérêt public, les marchés et fournitures peuvent souvent donner lieu à des conventions privées entre les adjudicataires ou fournisseurs et des tiers sous-traitants, ouvriers ou particuliers. Mais la jurisprudence la plus constante a unanimement décidé que la discussion serait toujours portée devant les tribunaux civils, parce que, quoiqu'il s'agisse d'interpréter le titre d'adjudication, c'est-à-dire un acte administratif, ce caractère disparaît quand l'Etat n'est plus intéressé directement dans la contestation.

Ainsi les tribunaux judiciaires seuls seraient compétents pour statuer sur les poursuites en paiement de lettres de change souscrites par les sous-traiteurs au profit des fournisseurs ou par ceux-ci au profit de leurs agents.

Il en serait de même pour les débats qui s'élèveraient entre un premier adjudicataire et un cessionnaire, quoique dans ce cas-là le cessionnaire pût être considéré comme ayant traité directement avec l'Etat, surtout si l'Etat avait conservé la garantie du premier adjudicataire.

Enfin le caractère judiciaire est incontestable dans une demande en paiement de sommes dues à un particulier par les héririers d'un fournisseur, en vertu de titres consentis par leur auteur, quand même ils prétendraient que la créance a été éteinte par liquidation administrative. Il s'agit en effet alors de statuer sur l'exécution d'une convention passée entre simples particuliers ; l'Etat n'a aucun intérêt dans la contestation.

———

Cette Thèse sera soutenue, en séance publique, dans une des salles de la Faculté, le 7 août 1855.

Le Président de la Thèse,

MASSOL (de Montastruc).

Toulouse, Imprimerie Troyes OUVRIERS REUNIS, rue Saint-Pantaléon, 3.

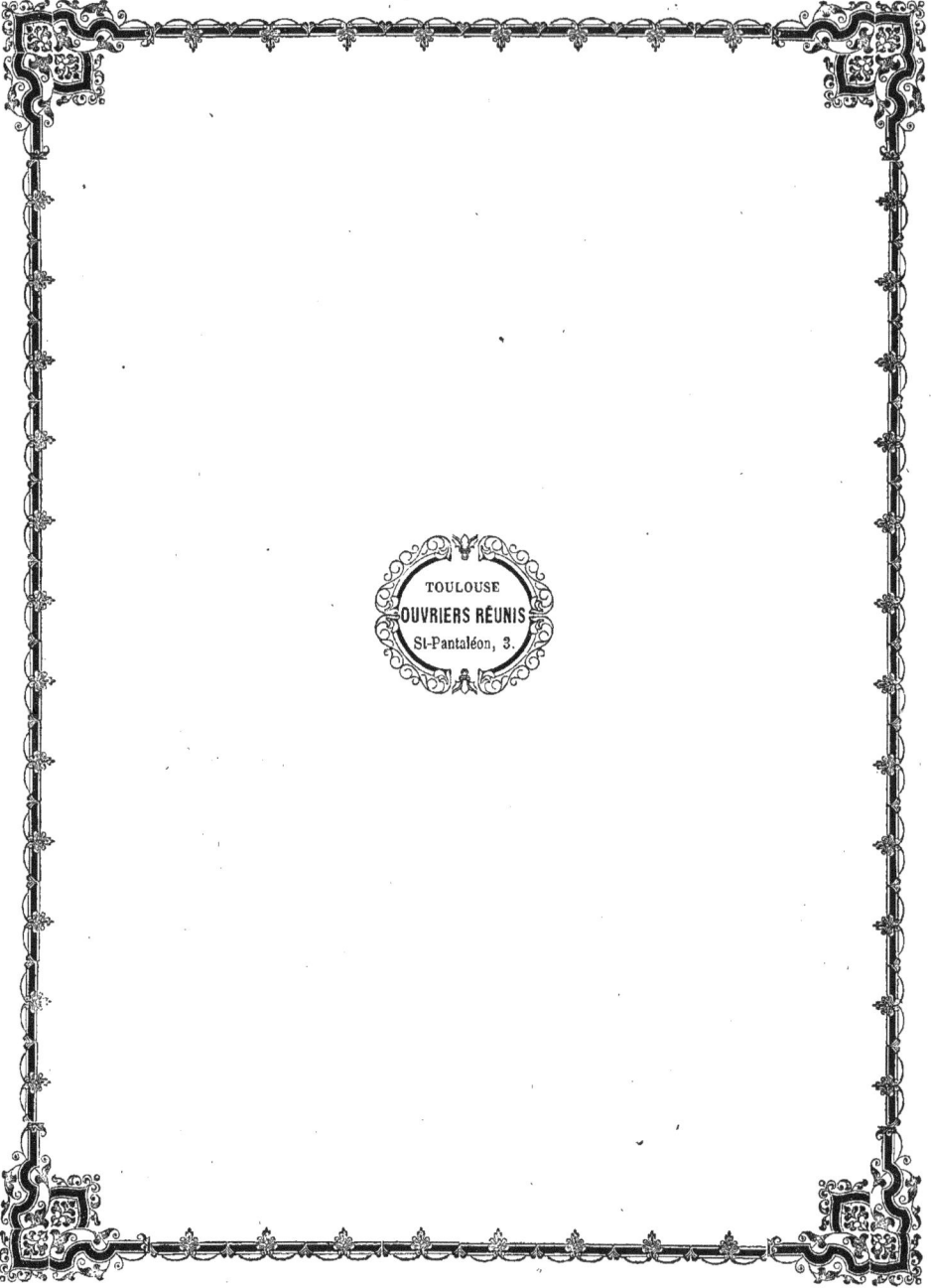

TOULOUSE
OUVRIERS RÉUNIS
St-Pantaléon, 3.